Oe
122

LA VÉRITÉ

SUR LES

PROTESTANTS ESPAGNOLS

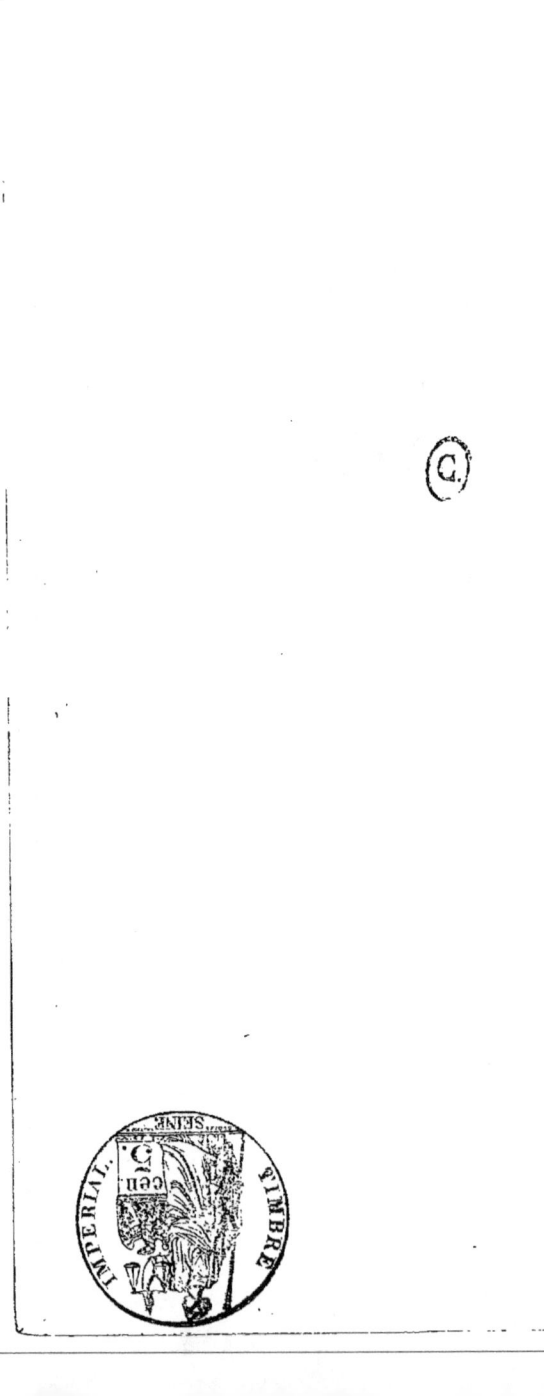

LA VÉRITÉ

SUR LES

PROTESTANTS ESPAGNOLS

PARIS
IMPRIMERIE DE L. TINTERLIN ET Cᵉ
RUE NEUVE-DES-BONS-ENFANTS, 3
—
1863
Tous droits réservés.

LA VÉRITÉ

SUR LES

PROTESTANTS ESPAGNOLS

———————o•◁▷•o———————

Des démarches ont été faites auprès du gouvernement espagnol, en faveur des propagandistes Matamoros et Alhama, récemment jugés par le tribunal supérieur de Grenade. Il ne sera pas inutile, à ce propos, d'éclairer le public sur le fond et la marche de cette affaire.

La procédure criminelle a été instruite dans les formes les plus larges et les plus indulgentes. Les prévenus, accusés d'avoir tenté d'abolir ou de réformer la religion exclusive de l'État, ont pu se défendre sans restriction; l'arrêt qui les condamne a été prononcé, non pas d'après des lois inquisitoriales, mais en vertu du Code pénal espagnol, qui est peut-être le plus libéral et le moins sévère de tous les codes de l'Europe.

Tandis que cette affaire, conduite avec tous les ménagements et toute la bienveillance compatibles avec la justice, n'a soulevé en Espagne ni objections ni obstacles, plusieurs députations étrangères protestantes (hollandaise, prussienne, anglaise, danoise, suédoise, autrichienne), se sont présentées ou annoncées à Madrid pour interposer chaleureusement leurs bons offices en faveur des condamnés, dont les antécédents, exposés dans le cours du procès, ne sont guère de nature à réveiller un intérêt si fervent et si empressé.

M. le marquis de Miraflorès, président du conseil, a dû, en vérité, être surpris de cette croisade officieuse et intempestive qui, sous des dehors plausibles, prétendait, en réalité, s'immiscer dans les questions intérieures du pays. Restant fidèle, d'une part, à la politique circonspecte et impartiale de l'Espagne vis-à-vis des puissances étrangères ; d'un autre côté, devinant peut-être, sous l'enveloppe philanthropique desdites députations, des mobiles de secte ou de parti complétement étrangers aux intérêts légitimes du gouvernement d'une souveraine qui s'honore du nom de *Reine catholique*, M. de Miraflorès a repoussé noblement des prétentions qui ne sauraient s'accorder avec l'esprit d'un peuple dont le sentiment de dignité et d'indépendance se soulève facilement contre toute idée d'ingérence étrangère dans les affaires intérieures de la patrie.

Ceux qui connaissent les institutions de l'Espagne,

son esprit, ses lois, ses traditions, ses mœurs, toutes les forces enfin qui constituent actuellement son existence morale, ne peuvent manquer d'applaudir à la conduite, à la fois ferme et tolérante, dont le gouvernement et les tribunaux de la reine Isabelle viennent de faire preuve dans l'affaire *Matamoros*. Le nombre des accusés ne s'élève pas à moins de vingt-cinq. Pour plusieurs d'entre eux, certes, les preuves de complicité ne manquaient pas. Les juges, inspirés par des sentiments d'indulgence, n'en ont condamné que *deux*, dont l'un avait déjà subi une condamnation grave pour crime de meurtre. Et, remarquons-le bien, les sieurs Alhama et Matamoros n'ont pas été déclarés coupables comme sectateurs du protestantisme, du judaïsme ou de toute autre religion plus ou moins hostile à l'Église catholique ; mais, tout simplement, comme ayant fait infraction à la constitution de l'État et aux prescriptions positives du code criminel de l'Espagne.

Voici le texte de l'article 128 :

« Toute tentative pour abolir ou pour changer en
« Espagne la religion catholique, apostolique et
« romaine, sera punie *d'emprisonnement majeur*
« *(de 7 à 12 ans)*; si toutefois le coupable ne com-
« met pas, par la même occasion, un abus d'autorité
« publique. »

Or, Alhama, malgré l'évidence du délit, a été condamné à neuf ans d'emprisonnement, Matamoros à huit ans de la même peine. Peut-on ne pas distinguer dans ce soin qui a été mis à écarter le maximum de la peine, l'esprit de calme et de tolérance qui a prévalu en Espagne sur la véhémence et les acharnements qui étaient autrefois, partout, la suite inévitable des grandes luttes religieuses du seizième siècle ? Nous sommes bien loin des temps où, pour ne citer qu'un exemple, l'on faisait assister don Juan d'Autriche, adolescent, au terrible supplice de Cazalla. Ce n'est point par un simple emprisonnement temporaire qu'on aurait alors puni les apostats et les hérésiarques. Il y a aujourd'hui, comme cela arrive toujours à la suite des grands ébranlements politiques, bon nombre d'aveugles et d'incrédules, qui aiment mieux braver les conséquences de leur ambition et de leur orgueil, que de ployer sous le joug de l'autorité divine ; mais le cours du temps a amené en Espagne, comme ailleurs, une multitude d'idées, de vues et de sentiments nouveaux qui, tout en sauvegardant les vérités morales et religieuses, ont adouci les mœurs et tempéré la rigueur des lois.

L'Espagne, toujours attachée à l'unité de sa croyance, comme du temps où elle fut dans le monde le rempart de la foi, a complétement rompu avec la rigidité ombrageuse et l'âpre intolérance qui, pendant si longtemps, avaient un retentissement si douloureux dans toute l'Europe. Elle est aujourd'hui une des nations du monde qui, dans la sphère de ses dogmes politiques et religieux, jouit réellement d'une plus ample liberté de conscience. Point de raideur d'opinion ; point de surveillance oppressive. Ce n'est pas l'Espagne qui se permettrait, ainsi que d'autres nations se le permettent envers elle, de faire au dehors une propagande religieuse, clandestine, illégale, subversive.

Un des signes les plus étranges et les plus dangereux du mouvement politique et social qui remue aujourd'hui si profondément la conscience de l'Europe, c'est assurément le rêve d'une civilisation uniforme, d'une fusion harmonieuse des éléments divers et souvent divergents, qui constituent la vitalité morale de chaque nation. Cette tendance, nourrie par des esprits téméraires et irréfléchis, n'aboutit souvent qu'à détourner les peuples de leur voie naturelle, à fausser leurs instincts légitimes, à dénaturer leur génie. Toute grande nation, poussée par les nécessités morales et matérielles qui lui sont propres, cherche à donner l'essor à son activité naturelle, et accomplit une mission spéciale dans les destinées de l'histoire. C'est ainsi que l'Angleterre aspire à la gloire d'accroître la civilisation du monde par la puissance et l'éclat de ses institutions politiques : c'est ainsi que la France, entraînée à la fois par les élans belliqueux de sa race et par les exigences impérieuses de sa situation géographique, tâche de prédominer en Europe, par l'ascendant de son initiative et par l'impulsion de sa prépondérance militaire. La mission historique de l'Espagne est de consacrer de plus en plus, par la sincérité de sa foi, par la force de ses nobles traditions, par la persévérance de son caractère national, la glorieuse alliance de l'unité catholique avec l'unité monarchichique. Cherchez la source nationale de tous les exploits des Espagnols ; analysez le sens moral de leur histoire, le *catholicisme* et la *royauté* vous apparaîtront toujours, sous l'apparence de l'ambition et de la politique, comme deux phares éclatants qui restent constamment leur but, leur lumière et leur guide. Au fond des luttes héroïques du moyen âge, comme des guerres formidables et des entreprises hasardeuses de la renaissance, vous rencontrez toujours, en Espagne, la formule sociale : *Dieu et le Roi*, empreinte dans le cœur des grands capitaines aussi bien que des sublimes aventuriers de l'Amérique et de l'Asie. Chose étonnante ! En proie aux séductions souvent corruptrices de la richesse et de la victoire, au sein d'un monde naguère inconnu, ces aventuriers sans frein comme sans contrôle, n'ont jamais menti aux deux grands principes qui s'étaient identifiés avec l'esprit de la nation comme les bases essentielles de sa civilisation et de sa gloire.

Un gouvernement agit toujours sagement lorsqu'il regarde comme l'accomplissement d'un devoir, de maintenir son pays dans la voie que Dieu lui a tracée. Une déviation quelconque du principe catholique, amenée par les sophismes sceptiques et les chimères métaphysiques de notre époque, serait évidemment pour l'Espagne une source intarissable de controverses effrénées et de sanglantes perturbations. Malgré les protestations insensées de quelques esprits audacieux ou égarés, le peuple espagnol ne veut ni renverser l'œuvre des générations antérieures, ni renier l'héritage de gloire que lui ont légué ses ancêtres. Ce n'est pas sans raison que le gouvernement de Sa Majesté la reine d'Espagne se méfie de ces novateurs qui tendent à faire un problème de chaque vérité, et à violer les lois que l'histoire et la nature ont faites aux nationalités fortes et puissantes. Au surplus, le peuple espagnol comprend lui-même que l'unité catholique, loin de rétrécir les horizons de la science et d'entraver la libre marche de l'esprit humain, contient le germe de tous les élans généreux de la conscience, de toutes les idées sublimes du monde moral; que cette même unité catholique, en parfait accord avec l'unité monarchique de la nation, est pour l'Espagne, une doctrine sacrée, un lien, une force et une glorieuse auréole; que le catholicisme, enfin, que des esprits aveugles ou pervertis se plaisent à nous montrer comme une Église inerte et caduque, constamment victorieux des siècles et des erreurs, porte *dans son éternelle durée le caractère de la main de Dieu* (*).

(*) Expression de Bossuet.

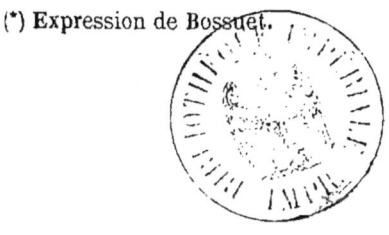

FIN.

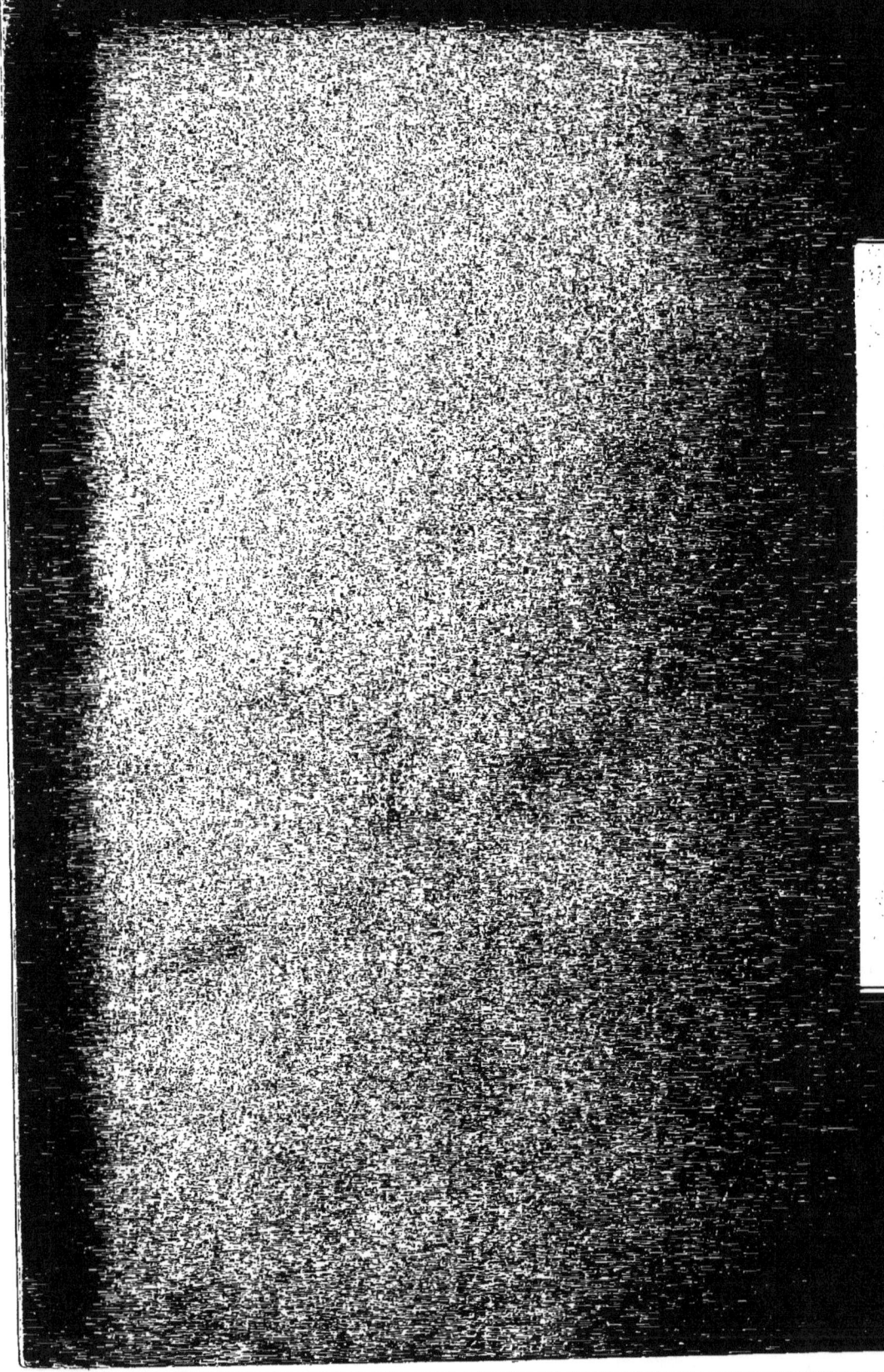

www.ingramcontent.com/pod-product-compliance
Lightning Source LLC
Chambersburg PA
CBHW060934050426
42453CB00010B/2014